Leabhar Litrithe

Martina Ní Fhátharta * Seán de Brún

An Comhlacht Oideachais

An Comhlacht Oideachais
Bóthar Bhaile an Aird
Baile Uailcín
Baile Átha Cliath 12
www.edco.ie

Ball den Smurfit Kappa ctp

© Martina Ní Fhátharta, Seán de Brún 2018

Gach ceart ar cosaint. Ní ceadmhach aon chuid den fhoilseachán seo a atáirgeadh, a stóráil i gcóras aisghabhála ná a tharchur ar aon mhodh nó slí, bíodh sin leictreonach, meicniúil, bunaithe ar fhótachóipeáil, ar thaifeadadh nó eile gan cead a fháil roimh ré ón bhfoilsitheoir nó ceadúnas a cheadaíonn cóipeáil shrianta in Éirinn arna eisiúint ag Gníomhaireacht um Cheadúnú Cóipchirt na hÉireann, 63 Sráid Phádraig, Dún Laoghaire, Baile Átha Cliath, A96 WF25.

ISBN: 978-1-84536-822-7

Clúdach: Design Image (www.designimage.ie)
Dearadh agus clóchur: Design Image
Eagarthóir: Aoife Barrett (www.barrettediting.ie)
Obair ealaíne: Kim Shaw Illustrations (www.kimshaw.ie)

Clár

Réamhrá	iv
Mé Féin	1
An Aimsir – An Fómhar	7
An Scoil	9
Ócáidí Speisialta – Oíche Shamhna	15
Bia	17
An Aimsir – An Geimhreadh	23
Ócáidí Speisialta – An Nollaig	25
An Aimsir	27
Caitheamh Aimsire	29
An Aimsir – An tEarrach	35
Éadaí	37
Sa Bhaile	41
An Teilifís	47
Siopadóireacht	51
Ócáidí Speisialta – Lá 'le Pádraig	55
Ócáidí Speisialta – An Cháisc	56
An Aimsir – An Samhradh	58
Dul Siar	60

Réamhrá

Is cuid den chlár teicneolaíochta Gaeilge *Bua na Cainte 3* an leabhar litrithe seo. Cabhraíonn an leabhar litrithe leis an bpáiste torthaí foghlama Churaclam Teanga na Bunscoile a bhaint amach: Litriú, Struchtúr abairte agus gramadach, Feasacht fhóineolaíoch agus fhóinéimeach, Fónaic agus aithint focal.

Tá an clár litrithe comhtháite leis na ceachtanna teanga ó bhéal, léitheoireachta agus scríbhneoireachta. Múintear na scileanna litrithe le cabhair na teicneolaíochta ar scoil. Úsáidtear an straitéis seo a leanas chun litriú a fhoghlaim: Féach, Abair, Clúdaigh, Scríobh agus Cinntigh.

 Léirítear an focal don pháiste. Bíonn go leor deiseanna ag an bpáiste féachaint ar an bhfocal agus an focal a rá. Má theastaíonn ón bpáiste an focal a chloisteáil arís tig leis/léi gliogáil ar an micreafón.

 Tig leis an bpáiste an focal a chlúdach má ghliogáiltear ar an gcarr.

 Tig leis an bpáiste an focal a scríobh má ghliogáiltear ar an bpeann.

 Tig leis an bpáiste an focal a chinntiú má ghliogáiltear ar an gcomhartha ceiste.

 Tig leis an múinteoir aischothú dearfach a thabhairt don pháiste má ghliogáiltear ar an réalta.

Tacaíonn an leabhar litrithe leis an gclár teicneolaíochta. Úsáidtear an straitéis chéanna chun litriú a fhoghlaim:

- Féach agus Abair
- Clúdaigh agus Scríobh
- Cinntigh

Tugtar deiseanna do na páistí na focail a léamh i gcomhthéacs.

Róisín is ainm dom.   Ruairí is ainm duit.   Oisín is ainm dó.   Niamh is ainm di.

Ansin, tugtar deiseanna do na páistí féachaint ar na focail agus na focail a rá.

Féach agus Abair
Róisín is ainm dom.
Ruairí is ainm duit.
Oisín is ainm dó.
Niamh is ainm di.

Ina dhiaidh sin, clúdaíonn na páistí na focail agus scríobhann siad na focail.

Clúdaigh agus Scríobh

Ar deireadh, cinntíonn na páistí go bhfuil na focail a scríobh siad i gceart.

Cinntigh ✓

Go mbaine na páistí taitneamh agus tairbhe as an gclár litrithe *Bua na Cainte 3*.

Mé Féin

Aonad 1 Ceacht 1

Róisín is ainm dom.   Ruairí is ainm duit.   Oisín is ainm dó.   Niamh is ainm di.

Féach agus Abair	Clúdaigh agus Scríobh	Cinntigh ✓
Róisín is ainm dom.		
Ruairí is ainm duit.		
Oisín is ainm dó.		
Niamh is ainm di.		

Tú Féin

Cad is ainm duit? _____

Aonad 1 Ceacht 2

Sin é Ruairí.   Sin é Oisín.   Sin í Róisín.   Sin í Niamh.

Féach agus Abair	Clúdaigh agus Scríobh	Cinntigh ✓
Sin é Ruairí.		
Sin é Oisín.		
Sin í Róisín.		
Sin í Niamh.		

Aonad 1 Ceacht 3

Ordú		
Tú	Sibh aigí	Cinntigh ✓
Tóg	Tóg_____	
Ól	Ól_____	

Aonad 1 Ceacht 4

 **Suimeanna Focal**

1.
   Glan + aigí = _____.

2.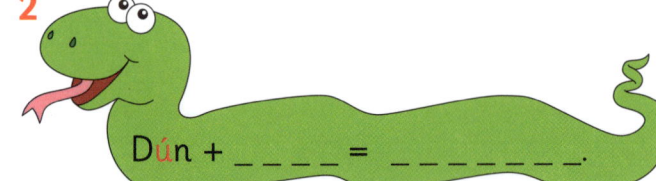
   Dún + _____ = _____.

Aonad 2 Ceacht 1

Féach agus Abair	Clúdaigh agus Scríobh	Cinntigh ✓
Tá mo shúile gorm.		
Tá mo shúile donn.		
Tá mo shúile glas.		

Tú Féin

Cén dath atá ar do shúile? _____

Aonad 2 Ceacht 2

	Ordú	
Tú	Sibh aigí igí	Cinntigh ✓
Léim		
Rith		
Caith		

Aonad 2 Ceacht 3

An mó duine?

| duine amháin | beirt | triúr | ceathrar | cúigear | seisear |

Féach agus Abair	Clúdaigh agus Scríobh	Cinntigh ✓
duine amháin		
beirt		
triúr		

An mó duine atá sa phictiúr?

_ _ _ _ _　　　_ _ _ _ _ _ _ _ _ _ _　　　_ _ _ _ _

Aonad 2 Ceacht 4

Féach agus Abair	Clúdaigh agus Scríobh	Cinntigh ✓
ceathrar		
cúigear		
seisear		

An mó duine atá sa phictiúr?

_ _ _ _ _ _ _　　　_ _ _ _ _ _ _ _　　　_ _ _ _ _ _ _

Aonad 3 Ceacht 1

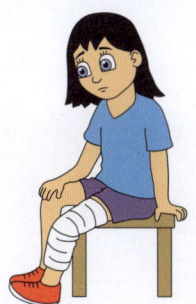

Ghortaigh mé mo cheann.   Ghortaigh mé mo chos.   Ghortaigh mé mo lámh.

Féach agus Abair	Clúdaigh agus Scríobh	Cinntigh ✓
Ghortaigh mé mo cheann.		
Ghortaigh mé mo chos.		
Ghortaigh mé mo lámh.		

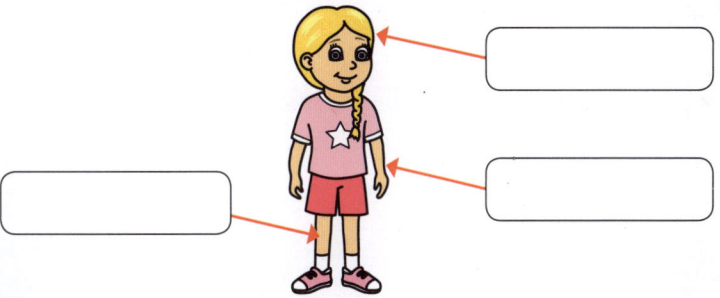

Aonad 3 Ceacht 2

Ar ghortaigh Róisín a lámh?   Ar ghortaigh Róisín a cos?
Ghortaigh Róisín a lámh.   Níor ghortaigh Róisín a cos.

Féach agus Abair	Clúdaigh agus Scríobh	Cinntigh ✓
Ar ghortaigh Róisín a lámh?		
Ghortaigh Róisín a lámh.		
Ar ghortaigh Róisín a cos?		
Níor ghortaigh Róisín a cos.		

Aonad 3 Ceacht 3

Ordú		
Tú	Sibh aigí igí	Cinntigh ✓
Dún		
Cuir		
Seas		

Aonad 3 Ceacht 4

Ordú		
Tú	Sibh aigí igí	Cinntigh ✓
Glan		
Pioc		
Déan		

An Fómhar

Ceacht 1

Cén dáta?

Meán Fómhair

1 An chéad lá	2 An dara lá	3 An tríú lá	4 An ceathrú lá	5 An cúigiú lá
6 An séú lá	7 An seachtú lá	8 An t-ochtú lá	9 An naoú lá	10 An deichiú lá

Féach agus Abair	Clúdaigh agus Scríobh	Cinntigh ✓
An chéad lá		
An dara lá		
An tríú lá		
An ceathrú lá		

Lúnasa

1	2	3	4
__ _____ __	__ ____ __	__ ____ __	__ _____ __

Ceacht 2

Féach agus Abair	Clúdaigh agus Scríobh	Cinntigh ✓
An cúigiú lá		
An séú lá		
An seachtú lá		

Meán Fómhair

5	6	7
__ _____ __	__ ___ __	__ _____ __

An Fómhar

Ceacht 3

Féach agus Abair	Clúdaigh agus Scríobh	Cinntigh ✓
An t-ochtú lá		
An naoú lá		
An deichiú lá		

Deireadh Fómhair

8	9	10
__ _____ __	__ ____ __	__ _____ __

Ceacht 4

gráinneog

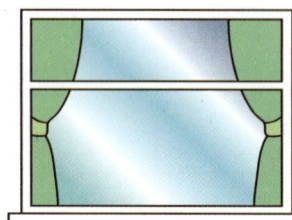
fuinneog

duilleog

Féach agus Abair	Clúdaigh agus Scríobh	Cinntigh ✓
gráinneog		
fuinneog		
duilleog		

An Scoil

Aonad 1 Ceacht 1

agam agat aige aici

Tá peann agam. Tá mála scoile agat. Tá rialóir aige. Tá bioróir aici.

Féach agus Abair	Clúdaigh agus Scríobh	Cinntigh ✓
Tá peann agam.		
Tá mála scoile agat.		
Tá rialóir aige.		
Tá bioróir aici.		

Aonad 1 Ceacht 2

 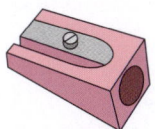  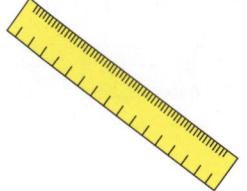

An peann é? An rialóir é? An leabhar é? An bioróir é?
Is peann é.   Ní rialóir é.   Is leabhar é.   Ní bioróir é.

Féach agus Abair	Clúdaigh agus Scríobh	Cinntigh ✓
An peann é?		
Is peann é.		
An rialóir é?		
Ní rialóir é.		

Aonad 1 Ceacht 3

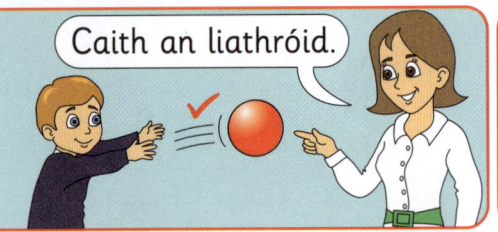

Ordú	
✓	✗
Caith	Ná caith
Tóg	Ná tóg
Cuir	Ná cuir

✓	✗
Caith an liathróid.	___ _____ ___ _____.
Tóg amach an bosca lóin.	___ ____ _____ ___ _____ ____.

Aonad 1 Ceacht 4

1 **An bhfaca** tú an mála scoile?
   Chonaic mé an mála scoile.

2 **An bhfaca** tú an rialóir?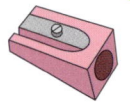
   Ní fhaca mé an rialóir.

| An bhfaca? | Chonaic |
| | Ní fhaca |

Féach agus Abair	Clúdaigh agus Scríobh	Cinntigh ✓
An bhfaca tú an mála scoile?		
Chonaic mé an mála scoile.		
An bhfaca tú an rialóir?		
Ní fhaca mé an rialóir.		

Aonad 2 Ceacht 1

Tá Oisín ag léamh.   Tá Niamh ag scríobh.   Tá Róisín ag ithe.   Tá Ruairí ag léim.

Féach agus Abair	Clúdaigh agus Scríobh	Cinntigh ✓
Tá Oisín ag léamh.		
Tá Niamh ag scríobh.		
Tá Róisín ag ithe.		
Tá Ruairí ag léim.		

Aonad 2 Ceacht 2

Tá leabhar sa seomra ranga.   Tá cóipleabhar sa seomra ranga.   Tá leabharlann sa seomra ranga.

Féach agus Abair	Clúdaigh agus Scríobh	Cinntigh ✓
Tá leabhar sa seomra ranga.		
Tá cóipleabhar sa seomra ranga.		
Tá leabharlann sa seomra ranga.		

An Scoil

Aonad 2 Ceacht 3

Tá an luch in aice leis an ríomhaire.

Tá an printéir in aice leis an ríomhaire freisin.

Féach agus Abair	Clúdaigh agus Scríobh	Cinntigh ✓
Tá an luch in aice leis an ríomhaire.		
Tá an printéir in aice leis an ríomhaire freisin.		

Aonad 2 Ceacht 4

Ordú	Inné
Tóg amach do hata.	Thóg Niamh amach a hata inné.
Cuir ort do hata.	Chuir Niamh a hata uirthi inné.
Dún do mhála scoile.	Dhún Niamh a mála scoile inné.

Ordú	Inné
Tóg	Thóg
Cuir	Chuir
Dún	Dhún

 **Spraoi le Briathra**

Ordú	Inné	Cinntigh
Tóg amach do hata.	_____ sí a hata amach inné.	
Cuir ort do hata.	_____ sí a hata uirthi inné.	
Dún do mhála.	_____ sí a mála inné.	

Aonad 3 Ceacht 1

 Bí ag Léamh Cén t-am é?

Tá sé a trí a chlog.   Tá sé cúig tar éis a trí.   Tá sé deich tar éis a trí.   Tá sé ceathrú tar éis a trí.

 Bí ag Scríobh

_____   _____   _____   _____

Aonad 3 Ceacht 2

Ordú	Inné **D'**
Ól	D'ól
Fág	D'fhág
Féach	D'fhéach
Fan	D'fhan

Ordú	Inné
'**Ól** an bainne,' arsa Mamaí.	_____ Ruairí an bainne **inné**.
'**Fág** an leabhar ar an mbord,' arsa Mamaí.	_____ Róisín an leabhar ar an mbord **inné**.
'**Féach** ar an teilifís,' arsa Mamaí.	_____ Oisín ar an teilifís **inné**.
'**Fan** sa seomra suí,' arsa Mamaí.	_____ Niamh sa seomra suí **inné**.

Aonad 3 Ceacht 3

 Freagair na Ceisteanna

1 **An raibh** tine sa seomra ranga?
   Bhí tine sa seomra ranga.

2 **An raibh** clár bán sa seomra ranga?
   Ní raibh clár bán sa seomra ranga.

3 An raibh bata sa seomra ranga?
   _____ .

4 An raibh ríomhaire sa seomra ranga?
   _____ .

Aonad 3 Ceacht 4

Bí ag Léamh Cén t-am é?

Tá sé fiche tar éis a trí.   Tá sé fiche cúig tar éis a trí.   Tá sé leathuair tar éis a trí.

Bí ag Scríobh

_____   _____   _____
_____   _____   _____

OÍCHE SHAMHNA

Ceacht 1

Féach agus Abair	Clúdaigh agus Scríobh	Cinntigh ✓
cailleach		
púca		
féasta		
bairín breac		

Oíche Shamhna

Oíche Shamhna a bhí ann.

Chonaic mé _____.

Chonaic mé _____.

Bhí _____ ar siúl.

D'ith siad _____ _____.

Chonaic na páistí tine chnámh.

Ceacht 2

Féach agus Abair	Clúdaigh agus Scríobh	Cinntigh ✓
Chonaic		
na páistí		
tine chnámh		

Cad a chonaic na páistí? _____ ___ _____ ____ _____.

Ceacht 3

Th**arr**aing pu**im**cín va**imp**ír

Féach agus Abair	Clúdaigh agus Scríobh	Cinntigh ✓
Tharraing Róisín puimcín.		
Tharraing Róisín vaimpír.		

1 Cad a tharraing Róisín?

_____ _____ _____.

2 Cad a tharraing Róisín?

_____ _____ _____.

Ceacht 4

spórt agus scléip ó theach go teach Bob nó bia!

Féach agus Abair	Clúdaigh agus Scríobh	Cinntigh ✓
spórt agus scléip		
ó theach go teach		
Bob nó bia!		

Tóirfhocal – Faigh na Focail

teach   bia   scléip

a	i	s	l	b	h	t
s	c	l	é	i	p	e
b	c	t	e	a	c	h

Bia

Aonad 1 Ceacht 1

Tá ocras orm.   Tá tart orm.   Tá áthas orm.   Tá fearg orm.

Féach agus Abair	Clúdaigh agus Scríobh	Cinntigh ✓
Tá ocras orm.		
Tá tart orm.		
Tá áthas orm.		
Tá fearg orm.		

Aonad 1 Ceacht 2

Tá ubh uaim.   Tá tósta uait.   Tá arán uaidh.   Tá bainne uaithi.

Féach agus Abair	Clúdaigh agus Scríobh	Cinntigh ✓
Tá ubh uaim.		
Tá tósta uait.		
Tá arán uaidh.		
Tá bainne uaithi.		

Bia

Aonad 1 Ceacht 3

Spraoi le Briathra

Inné h	Gach Lá ann / eann
Chuir sé	Cuireann sé
Thug sé	Tugann sé
Chaith sé	Caitheann sé

Inné h	Gach Lá ann / eann
Chuir sé	_____ sé
Thug sé	_____ sé
Chaith sé	_____ sé

Aonad 1 Ceacht 4

Bí ag Léamh Cén t-am é?

Tá sé fiche cúig chun a dó. Tá sé fiche chun a dó. Tá sé ceathrú chun a dó. Tá sé deich chun a dó. Tá sé cúig chun a dó.

Bí ag Scríobh

_____   _____   _____
_____   _____   _____

_____   _____

Aonad 2 Ceacht 1

trátaí

prátaí

glasraí

Tóirfhocal – Faigh na Focail

prátaí   trátaí   glasraí

p	o	t	s	g	l	f
r	p	r	á	t	a	í
a	t	á	h	r	l	t
i	n	t	r	a	b	a
g	l	a	s	r	a	í
h	p	í	m	a	l	g

Féach agus Abair	Clúdaigh agus Scríobh	Cinntigh ✓
trátaí		
prátaí		
glasraí		

Aonad 2 Ceacht 2

Féach agus Abair	Clúdaigh agus Scríobh	Cinntigh ✓
Is fearr liom úll.		
Is fearr liom oráiste.		

Tú Féin

An fearr leat úll nó oráiste?

_____.

Bia

Aonad 2 Ceacht 3

Spraoi le Briathra

Inné D'	Gach Lá ann / eann
D'ith sé	Itheann sé
D'ól sé	Ólann sé

Inné D'	Gach Lá ann / eann
D'ith sé	_____ sé
D'ól sé	_____ sé

Aonad 2 Ceacht 4

Inné		
?	✓	✗
Ar ith?	D'ith	Níor ith
Ar ól?	D'ól	Níor ól

Inné		
?	✓	✗
Ar ith?	_____	_____ _____
Ar ól?	_____	_____ _____

Freagair na Ceisteanna

1 Ar ith sé úll?
   _____ sé úll.

2 Ar ith sé arán?
   _____ _____ sé arán.

3 Ar ól sé bainne?
   _____ ____ sé bainne.

4 Ar ól sé uisce?
   _____ sé uisce.

Aonad 3 Ceacht 1

Tá sé seacht mbliana d'aois.

Tá sí ocht mbliana d'aois.

Tá sé naoi mbliana d'aois.

Tá sí deich mbliana d'aois.

Féach agus Abair	Clúdaigh agus Scríobh	Cinntigh ✓
Tá sé seacht mbliana d'aois.		
Tá sí ocht mbliana d'aois.		
Tá sé naoi mbliana d'aois.		
Tá sí deich mbliana d'aois.		

Tú Féin

Cén aois thú? Tá mé _____ _____ _____.

Aonad 3 Ceacht 2

mo theach

do theach

a theach

a teach

Féach agus Abair	Clúdaigh agus Scríobh	Cinntigh ✓
mo theach		
do theach		
a theach		
a teach		

Bí ag Scríobh

_ _____

_ _____

Aonad 3 Ceacht 3

Spraoi le Briathra

Inné D' h	Gach Lá ann eann
D'fhan sé	Fanann sé
D'fhág sé	Fágann sé
D'fhéach sé	Féachann sé

Inné D' h	Gach Lá ann eann
D'fhan sé	_____ sé
D'fhág sé	_____ sé
D'fhéach sé	_____ sé

Aonad 3 Ceacht 4

mo chairde

do chairde

a chairde

a cairde

Féach agus Abair	Clúdaigh agus Scríobh	Cinntigh ✓
mo chairde		
do chairde		
a chairde		
a cairde		

An Geimhreadh

Ceacht 1

Cén dáta?

Eanáir

11	12	13	14	15
An t-aonú lá déag	An dara lá déag	An tríú lá déag	An ceathrú lá déag	An cúigiú lá déag
16	17	18	19	20
An séú lá déag	An seachtú lá déag	An t-ochtú lá déag	An naoú lá déag	An fichiú lá

Féach agus Abair	Clúdaigh agus Scríobh	Cinntigh ✓
An t-aonú lá déag		
An dara lá déag		
An tríú lá déag		

Eanáir

11	12	13
__ __ __	__ __ __	__ __ __

Ceacht 2

Féach agus Abair	Clúdaigh agus Scríobh	Cinntigh ✓
An ceathrú lá déag		
An cúigiú lá déag		
An séú lá déag		

Eanáir

14	15	16
__ __ __	__ __ __	__ __ __

An Geimhreadh

Ceacht 3

Féach agus Abair	Clúdaigh agus Scríobh	Cinntigh ✓
An seachtú lá déag		
An t-ochtú lá déag		

Eanáir

17	18
__ __ __ __	__ __ __ __

Ceacht 4

Féach agus Abair	Clúdaigh agus Scríobh	Cinntigh ✓
An naoú lá déag		
An fichiú lá		

Eanáir

19	20
__ __ __ __	__ __ __ __

Tóirfhocal – Faigh na Focail

séú
seachtú
ochtú
naoú
fichiú

o	f	i	c	h	i	ú	c
r	c	r	é	t	a	f	n
a	t	h	ú	r	l	i	a
i	n	a	t	a	ú	c	o
n	a	f	i	ú	c	é	ú
s	e	a	c	h	t	ú	s

An Nollaig

Ceacht 1

Bí ag Léamh

an ribín	na ribíní
an cloigín	na cloigíní
 an cailín	 na cailíní

Bí ag Scríobh

an	na
 an ribín	 __ _____
 an cloigín	 __ _____
 an cailín	 __ _____

Ceacht 2

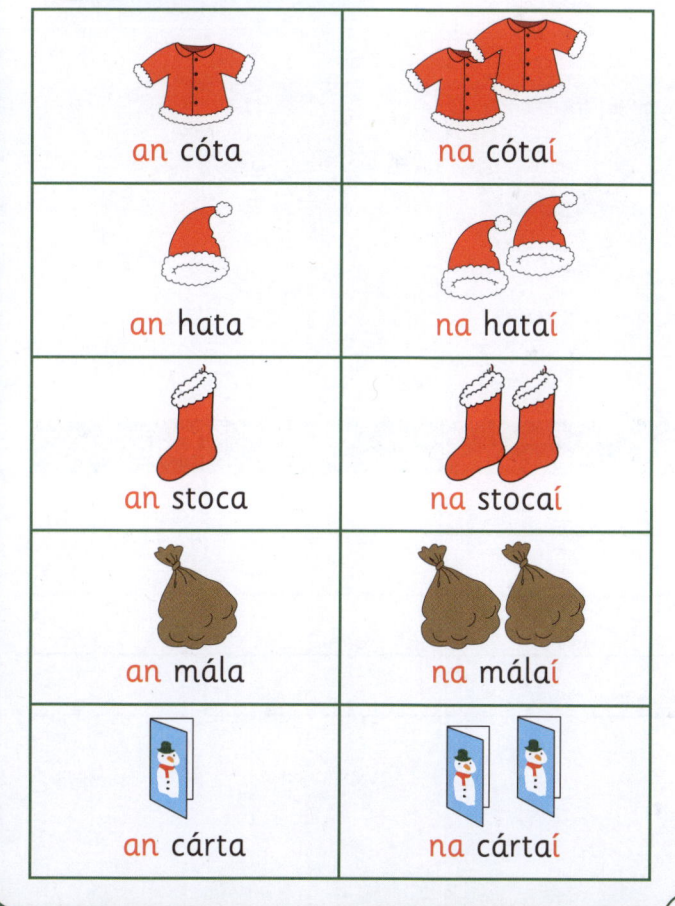

Bí ag Léamh

an cóta	na cótaí
an hata	na hataí
an stoca	na stocaí
an mála	na málaí
an cárta	na cártaí

Bí ag Scríobh

 an cóta	 __ _____
 an hata	 __ _____
 an stoca	 __ _____
 an mála	 __ _____
 an cárta	 __ _____

An Nollaig

Ceacht 3

putóg Nollag   cáca Nollag   stoca Nollag

Féach agus Abair	Clúdaigh agus Scríobh	Cinntigh ✓
putóg Nollag		
stoca Nollag		
cáca Nollag		

Ceacht 4

   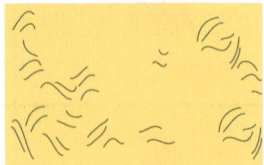

rí   trí   Íosa   tuí

Féach agus Abair	Clúdaigh agus Scríobh	Cinntigh ✓
rí		
trí		
Íosa		
tuí		

An Aimsir

Ceacht 1

amach   isteach   fliuch

Féach agus Abair	Clúdaigh agus Scríobh	Cinntigh ✓
amach		
isteach		
fliuch		

Ceacht 2

sneachta   tintreach   toirneach

Féach agus Abair	Clúdaigh agus Scríobh	Cinntigh ✓
sneachta		
tintreach		
toirneach		

Tóirfhocal – Faigh na Focail

sneachta   amach
tintreach   isteach
toirneach   fliuch

t	o	i	n	a	f	s	i	s
h	i	t	i	m	l	c	h	n
c	f	n	s	a	i	f	c	e
a	a	i	t	c	h	a	u	a
e	m	f	e	r	m	c	i	c
t	a	t	h	a	e	h	l	h
s	c	e	c	o	r	a	f	t
i	h	u	f	i	a	t	c	a
t	o	i	r	n	e	a	c	h

An Aimsir

Ceacht 3

 Spraoi le Briathra

Inné h	Gach Lá ann eann
Bhuail sé	Buaileann sé

Inné h	Gach Lá ann eann
Bhuail sé	_____ sé

Suimeanna Focal

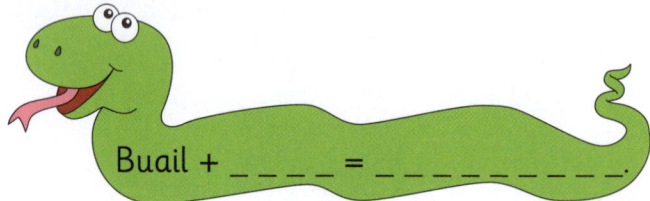

Buail + _____ = _____.

Ceacht 4

 Spraoi le Briathra

Inné h	Gach Lá ann eann
Chuir sí	Cuireann sí
Thóg sí	Tógann sí

Inné h	Gach Lá ann eann
Chuir sí	_____ sí
Thóg sí	_____ sí

 Suimeanna Focal

1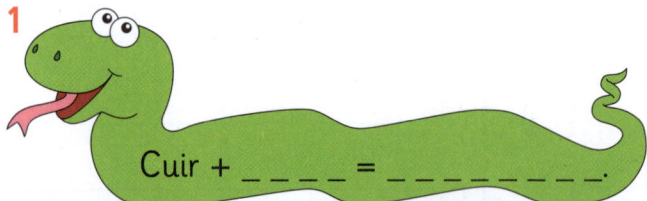

Cuir + _____ = _____.

2

Tóg + ____ = _____.

Caitheamh Aimsire

Aonad 1 Ceacht 1

 Tá sé ag imirt peile.  Tá sé ag canadh.  Tá sé ag rith rása.

Féach agus Abair	Clúdaigh agus Scríobh	Cinntigh ✓
Tá sé ag imirt peile.		
Tá sé ag canadh.		
Tá sé ag rith rása.		

1 Cad atá ar siúl ag Oisín? **2** Cad atá ar siúl ag Liam? **3** Cad atá ar siúl ag Ruairí?

_____ _____ _____

Aonad 1 Ceacht 2

 Tá sí ag iomáint.  Tá sí ag tiomáint.  Tá sí ag seinm ceoil.

Féach agus Abair	Clúdaigh agus Scríobh	Cinntigh ✓
Tá sí ag iomáint.		
Tá sí ag tiomáint.		
Tá sí ag seinm ceoil.		

1 Cad atá ar siúl ag Róisín? **2** Cad atá ar siúl ag Niamh? **3** Cad atá ar siúl ag Niamh?

_____ _____ _____

Caitheamh Aimsire

Aonad 1 Ceacht 3

 Spraoi le Briathra

Inné	Gach Lá ann eann	Amárach fidh faidh
Scríobh sí	Scríobhann sí	Scríobhfaidh sí

Inné	Gach Lá ann eann	Amárach fidh faidh
Scríobh sí	_____ sí	_____ sí

Aonad 1 Ceacht 4

An mó duine?

seachtar

ochtar

naonúr

deichniúr

Féach agus Abair	Clúdaigh agus Scríobh	Cinntigh ✓
seachtar		
ochtar		
naonúr		
deichniúr		

An mó duine atá sa phictiúr?

_ _ _ _ _

_ _ _ _ _ _ _

_ _ _ _ _

Caitheamh Aimsire

Aonad 2 Ceacht 1

Tá Niamh sa chéad áit.
Tá Oisín sa dara háit.
Tá Ruairí sa tríú háit.
Tá Róisín sa cheathrú háit.
Tá Liam sa chúigiú háit.

Féach agus Abair	Clúdaigh agus Scríobh	Cinntigh ✓
sa chéad áit		
sa dara háit		
sa tríú háit		
sa cheathrú háit		
sa chúigiú háit		

Aonad 2 Ceacht 2

?	✓	✗
Ar rug sí?	Rug sí	Níor rug sí

1 Ar rug Niamh ar an liathróid?
   Rug Niamh ar an liathróid.

2 Ar rug Róisín ar an liathróid?
   Níor rug Róisín ar an liathróid.

?	✓	✗
Ar rug sí?	_____ sí	_____ _____ sí

Aonad 2 Ceacht 3

?	✓	✗
Ar imir sí?	D'imir sí	Níor imir sí

1. Ar imir Niamh peil?
   D'imir Niamh peil.

2. Ar imir Róisín peil?
   Níor imir Róisín peil.

?	✓	✗
Ar imir sí?	_____ sí	____ _____ sí

Aonad 2 Ceacht 4

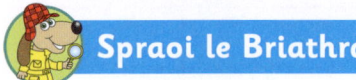 **Spraoi le Briathra**

Inné h	Gach Lá ann eann	Amárach fidh faidh
Bhuail sé	Buaileann sé	Buailfidh sé
Chaith sé	Caitheann sé	Caithfidh sé
Bhris sé	Briseann sé	Brisfidh sé

Inné h	Gach Lá ann eann	Amárach fidh faidh
Bhuail sé	_____ sé	_____ sé
Chaith sé	_____ sé	_____ sé
Bhris sé	_____ sé	_____ sé

Caitheamh Aimsire

Aonad 3 Ceacht 1

D'éirigh sé	 Chuaigh sé	 Chuala sé

Féach agus Abair	Clúdaigh agus Scríobh	Cinntigh ✓
D'éirigh sé		
Chuaigh sé		
Chuala sé		

Bí ag Scríobh

1 _____ Oisín go luath.   2 _____ sé amach faoin tuath.

3 _____ sé ceol.

Aonad 3 Ceacht 2

? Ar	✓	✗ Níor
Ar sheinn sí?	Sheinn sí	Níor sheinn sí

1 Ar sheinn an mhuc an druma?
   Sheinn an mhuc an druma.

2 Ar sheinn an mhuc an pianó?
   Níor sheinn an mhuc an pianó.

? Ar	✓	✗ Níor
Ar sheinn sí ?	_____ sí	____ _____ sí

Caitheamh Aimsire

Aonad 3 Ceacht 3

Sheinn sí ceol inné.
Seinneann sí ceol gach lá.
Seinnfidh sí ceol amárach.

Inné	Gach Lá	Amárach
h	ann	fidh
	eann	faidh
Sheinn sí	_____ sí	_____ sí

Aonad 3 Ceacht 4

Chan sé amhrán inné.
Canann sé amhrán gach lá.
Canfaidh sé amhrán amárach.

Inné	Gach Lá	Amárach
h	ann	faidh
	eann	fidh
Chan sé	_____ sé	_____ sé

An tEarrach

Ceacht 1

An tEarrach

21	22	23	24
An t-aonú lá is fiche	An dara lá is fiche	An tríú lá is fiche	An ceathrú lá is fiche
25	**26**	**27**	**28**
An cúigiú lá is fiche	An séú lá is fiche	An seachtú lá is fiche	An t-ochtú lá is fiche

Féach agus Abair	Clúdaigh agus Scríobh	Cinntigh ✓
An t-aonú lá is fiche		
An dara lá is fiche		
An tríú lá is fiche		
An ceathrú lá is fiche		

Feabhra

21	22	23	24
_____	_____	_____	_____

Ceacht 2

Féach agus Abair	Clúdaigh agus Scríobh	Cinntigh ✓
An cúigiú lá is fiche		
An séú lá is fiche		
An seachtú lá is fiche		
An t-ochtú lá is fiche		

Feabhra

25	26	27	28
_____	_____	_____	_____

An tEarrach

Ceacht 3

uan  · cuach  · fuar  · tua  · rua

Féach agus Abair	Clúdaigh agus Scríobh	Cinntigh ✓
uan		
cuach		
fuar		
tua		
rua		

Ceacht 4

? An	✓	✗ Ní
An ndearna?	Rinne	Ní dhearna

1 An ndearna an fháinleog nead?
Rinne an fháinleog nead.

2 An ndearna an chuach nead?
Ní dhearna an chuach nead.

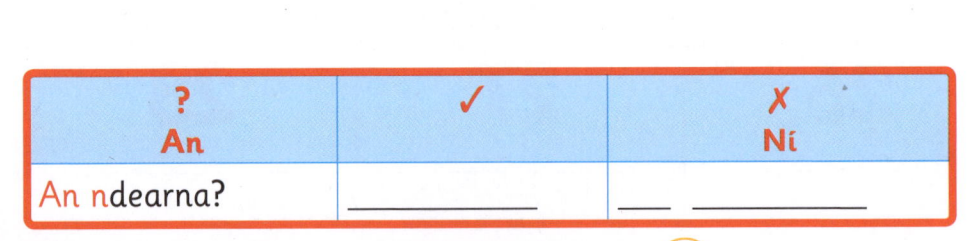

? An	✓	✗ Ní
An ndearna?	_____	___ _____

Éadaí

Aonad 1 Ceacht 1

An __ é? Is ea Ní hea

An geansaí é?
Is ea.

An carbhat é?
Ní hea.

An cóta é?
Is ea.

An hata é?
_____

An stoca é?
_____

An gúna é?
_____

An carbhat é?
Ní hea.

An geansaí é?
_____

An bríste é?
_____

An cóta é?
_____

Aonad 1 Ceacht 2

an gúna  | na gúnaí | an stoca  | na stocaí | an sciorta  | na sciortaí

✏️ **Bí ag Scríobh**

_____ _____ _____ _____ _____ _____

Éadaí

Aonad 1 Ceacht 3

mé: orm
tú: ort
sé: air
sí: uirthi

Tá geansaí orm.   Tá cóta ort.   Tá bríste air.   Tá sciorta uirthi.

Féach agus Abair	Clúdaigh agus Scríobh	Cinntigh ✓
Tá geansaí orm.		
Tá cóta ort.		
Tá bríste air		
Tá sciorta uirthi.		

Aonad 1 Ceacht 4

? An	✓	✗ Ní
An ndúirt?	Dúirt	Ní dúirt

1 An ndúirt Oisín an dán?
   _____ Oisín an dán.

2 An ndúirt Niamh an dán?
   ___ _____ Niamh an dán.

? An	✓	✗ Ní
An ndúirt?	_____	___ _____

Aonad 2 Ceacht 1

Chuir mé mo chóta orm.   Chuir tú do chóta ort.   Chuir sé a chóta air.   Chuir sí a cóta uirthi.

Chuir mé
Chuir tú
Chuir sé
Chuir sí

1. Chuir ___ mo chóta orm.
2. Chuir ___ do chóta ort.
3. Chuir ___ a chóta air.
4. Chuir ___ a cóta uirthi.

Aonad 2 Ceacht 2

Spraoi le Briathra

Inné		
? Ar	✓	✗ Níor
Ar nigh?	Nigh	Níor nigh
Ar bhain?	Bhain	Níor bhain
Ar chuir?	Chuir	Níor chuir

Inné		
? Ar	✓	✗ Níor
Ar nigh?	_____	_____
Ar bhain?	_____	_____
Ar chuir?	_____	_____

Éadaí

Éadaí

Aonad 2 Ceacht 3

Bhain mé mo chóta díom.  Bhain tú do chóta díot.  Bhain sé a chóta de.  Bhain sí a cóta di.

Féach agus Abair	Clúdaigh agus Scríobh	Cinntigh ✓
Bhain mé mo chóta díom.	Bhain mé mo chóta ____.	
Bhain tú do chóta díot.	Bhain tú do chóta ____.	
Bhain sé a chóta de.	Bhain sé a chóta ____.	
Bhain sí a cóta di.	Bhain sí a cóta ____.	

Aonad 2 Ceacht 4

Spraoi le Briathra

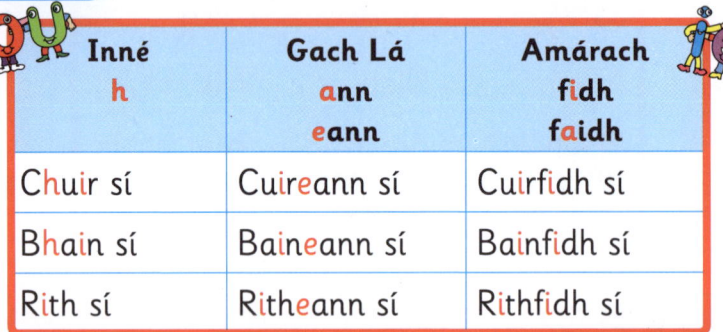

	Inné h	Gach Lá ann eann	Amárach fidh faidh
	Chuir sí	Cuireann sí	Cuirfidh sí
	Bhain sí	Baineann sí	Bainfidh sí
	Rith sí	Ritheann sí	Rithfidh sí

	Inné h	Gach Lá ann eann	Amárach fidh faidh
	Chuir sí	_____ sí	_____ sí
	Bhain sí	_____ sí	_____ sí
	Rith sí	_____ sí	_____ sí

Sa Bhaile

Aonad 1 Ceacht 1

Tá crann os comhair an tí.  Tá gairdín os comhair an tí.  Tá carr os comhair an tí.

Féach agus Abair	Clúdaigh agus Scríobh	Cinntigh ✓
Tá crann os comhair an tí.		
Tá gairdín os comhair an tí.		
Tá carr os comhair an tí.		

óir
eoir

Aonad 1 Ceacht 2

ceoltóir    siopadóir    feirmeoir   múinteoir

Bí ag Scríobh

1 feirm _ _ _ _

2 múint _ _ _ _

3 siopad _ _ _

4 ceolt _ _ _

Féach agus Abair	Clúdaigh agus Scríobh	Cinntigh ✓
ceoltóir		
siopadóir		
feirmeoir		
múinteoir		

Sa Bhaile

Aonad 1 Ceacht 3

? An	✓	✗ Ní
An ndeachaigh sí?	Chuaigh sí	Ní dheachaigh sí

1. An ndeachaigh Niamh isteach sa seomra folctha?
   _____ Niamh isteach sa seomra folctha.

2. An ndeachaigh Róisín isteach sa seomra folctha?
   ____ _____ Róisín isteach sa seomra folctha.

? An	✓	✗ Ní
An ndeachaigh?	_____	____ _____

Aonad 1 Ceacht 4

Inné h	Gach Lá ann eann	Amárach fidh faidh
Ghlan sí	Glanann sí	Glanfaidh sí
Thóg sí	Tógann sí	Tógfaidh sí
Léim sí	Léimeann sí	Léimfidh sí

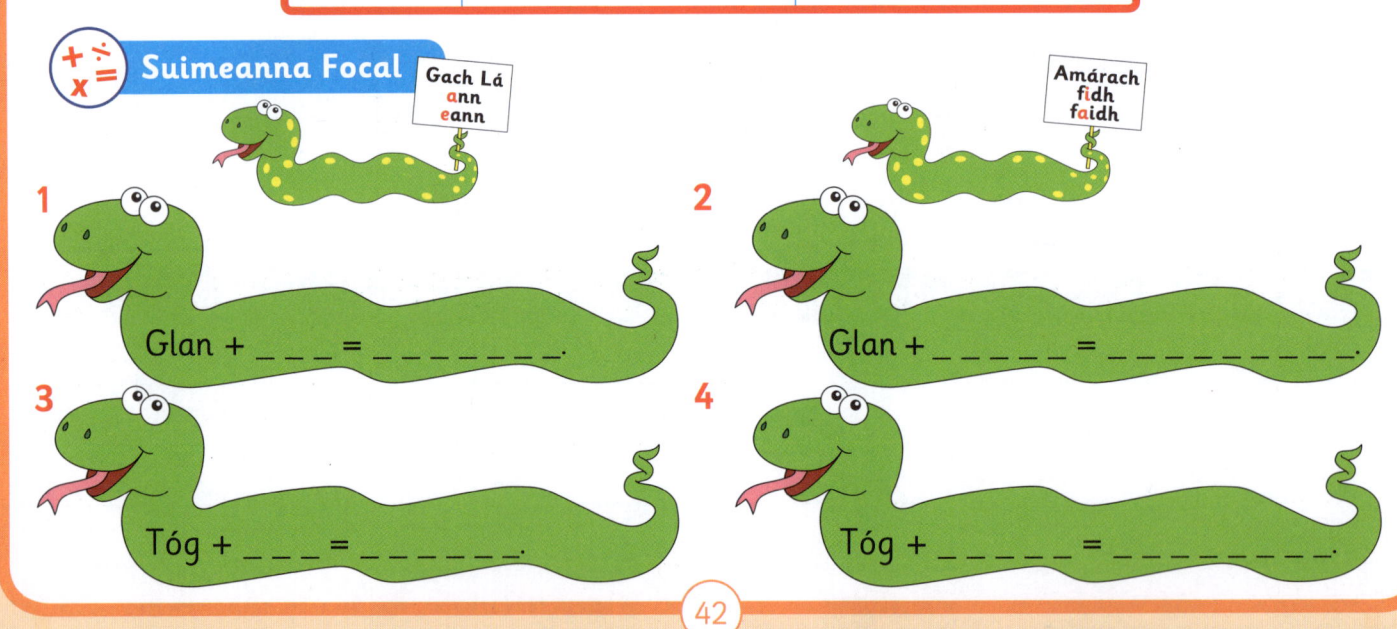

Suimeanna Focal

Gach Lá
ann
eann

Amárach
fidh
faidh

1. Glan + ____ = _____.

2. Glan + _____ = _____.

3. Tóg + ____ = _____.

4. Tóg + _____ = _____.

Aonad 2 Ceacht 1

Tá mé i mo chónaí i Mí.
Tá tú i do chónaí i Mí. 
Tá sé ina chónaí i Mí. 
Tá sí ina cónaí i Mí. 

Féach agus Abair	Clúdaigh agus Scríobh	Cinntigh ✓
Tá mé i mo chónaí i Mí.	Tá mé i ____ _____ i Mí.	
Tá tú i do chónaí i Mí.	Tá tú i ____ _____ i Mí.	
Tá sé ina chónaí i Mí.	Tá sé i__ _____ i Mí.	
Tá sí ina cónaí i Mí.	Tá sí i__ _____ i Mí.	

mé: mo chónaí
tú: do chónaí
sé: a chónaí
sí: a cónaí

Aonad 2 Ceacht 2

Chíor mé mo chuid gruaige.
Chíor tú do chuid gruaige. 
Chíor sé a chuid gruaige. 
Chíor sí a cuid gruaige. 

Féach agus Abair	Clúdaigh agus Scríobh	Cinntigh ✓
Chíor mé mo chuid gruaige.	Chíor mé ___ _____ _____.	
Chíor tú do chuid gruaige.	Chíor tú ___ _____ _____.	
Chíor sé a chuid gruaige.	Chíor sé ___ _____ _____.	
Chíor sí a cuid gruaige.	Chíor sí ___ _____ _____.	

mé: mo chuid gruaige
tú: do chuid gruaige
sé: a chuid gruaige
sí: a cuid gruaige

Sa Bhaile

Sa Bhaile

Aonad 2 Ceacht 3

Inné h	Gach Lá ann eann	Amárach fidh faidh
Scuab	Scuabann	Scuabfaidh
Chíor	Cíorann	Cíorfaidh
Bhain	Baineann	Bainfidh
Chuir	Cuireann	Cuirfidh
Rith	Ritheann	Rithfidh

Inné h	Gach Lá ann eann	Amárach fidh faidh
Scuab	_____	_____
Chíor	_____	_____
Bhain	_____	_____
Chuir	_____	_____
Rith	_____	_____

Aonad 2 Ceacht 4

Inné		
? Ar	✓	✗ Níor
Ar éirigh sé?	D'éirigh sé	Níor éirigh sé
Ar nigh sé?	Nigh sé	Níor nigh sé
Ar scuab sé?	Scuab sé	Níor scuab sé
Ar chíor sé?	Chíor sé	Níor chíor sé
Ar bhain sé?	Bhain sé	Níor bhain sé
Ar chuir sé?	Chuir sé	Níor chuir sé
Ar rith sé?	Rith sé	Níor rith sé

Inné		
? Ar	✓	✗ Níor
Ar éirigh sé?	_____ sé	___ _____ sé
Ar nigh sé?	_____ sé	___ _____ sé
Ar scuab sé?	_____ sé	___ _____ sé
Ar chíor sé?	_____ sé	___ _____ sé
Ar bhain sé?	_____ sé	___ _____ sé
Ar chuir sé?	_____ sé	___ _____ sé
Ar rith sé?	_____ sé	___ _____ sé

Aonad 3 Ceacht 1

óir
eoir

cuisneoir

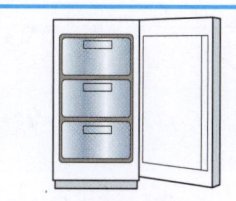

reoiteoir

triomadóir

Féach agus Abair	Clúdaigh agus Scríobh	Cinntigh ✓
cuisneoir		
reoiteoir		
triomadóir		

Bí ag Scríobh

1 reoit_ _ _ _

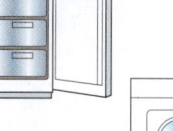

2 cuisn_ _ _ _

3 triomad _ _ _

Aonad 3 Ceacht 2

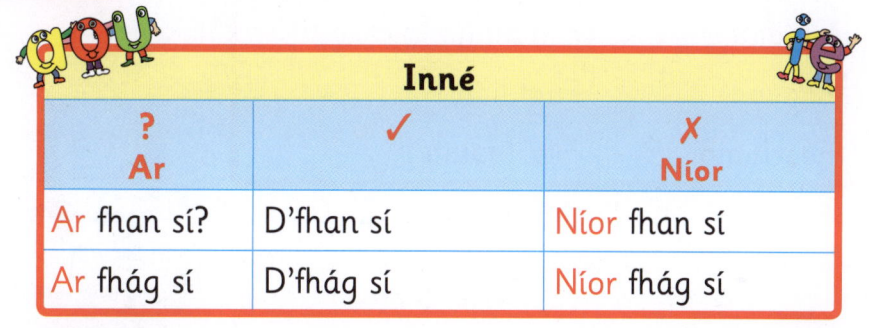

Inné

? Ar	✓	✗ Níor
Ar fhan sí?	D'fhan sí	Níor fhan sí
Ar fhág sí	D'fhág sí	Níor fhág sí

Inné

? Ar	✓	✗ Níor
Ar fhan sí?	_____ sí	____ _____ sí
Ar fhág sí	_____ sí	____ _____ sí

Sa Bhaile

Aonad 3 Ceacht 3

Inné		
? **Ar**	**✓**	**✗** **Níor**
Ar chodail sí?	Chodail sí	Níor chodail sí
Ar tháinig sí	Tháinig sí	Níor tháinig sí

Inné		
? **Ar**	**✓**	**✗** **Níor**
Ar chodail sí?	_____ sí	____ _____ sí
Ar tháinig sí	_____ sí	____ _____ sí

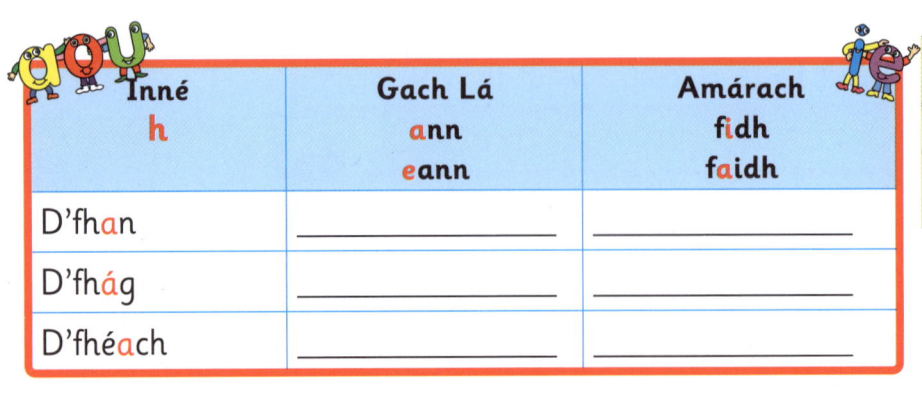

Aonad 3 Ceacht 4

Inné **h**	Gach Lá **ann** **eann**	Amárach **fidh** **faidh**
D'fhan	Fanann	Fanfaidh
D'fhág	Fágann	Fágfaidh
D'fhéach	Féachann	Féachfaidh

Inné **h**	Gach Lá **ann** **eann**	Amárach **fidh** **faidh**
D'fhan	_____	_____
D'fhág	_____	_____
D'fhéach	_____	_____

An Teilifís

Aonad 1 Ceacht 1

Tá mata os comhair na tine.   Tá tolg os comhair na tine.   Tá bord os comhair na tine.

Féach agus Abair	Clúdaigh agus Scríobh	Cinntigh ✓
Tá mata os comhair na tine.		
Tá tolg os comhair na tine.		
Tá bord os comhair na tine.		

Tú Féin
Cá bhfuil an chathaoir?

_____.

Aonad 1 Ceacht 2

Féach agus Abair

An t-asal    An t-éan    An t-uan    An t-iasc

Tóirfhocal – Faigh na Focail

an t-asal
an t-uan
an t-iasc
an t-éan

Clúdaigh agus Scríobh

a	n	t-	i	a	s	c	l
n	t-	a	c	n	s	t-	a
t-	i	s	a	t-	s	n	é
é	n	l	s	u	a	é	a
a	a	n	t-	a	s	a	l
n	u	a	c	n	u	r	a

An Teilifís

Aonad 1 Ceacht 3

10 a deich **11** a haon déag **12** a dó dhéag

Féach agus Abair	Clúdaigh agus Scríobh	Cinntigh ✓
a deich		
a haon déag		
a dó dhéag		

Tóirfhocal – Faigh na Focail

a deich

a haon déag

a dó dhéag

a	h	a	o	n	d	é	a	g
d	g	ó	n	a	i	ó	é	a
ó	é	h	a	d	é	h	d	ó
d	d	m	g	e	a	o	n	d
h	e	f	ó	i	h	é	n	h
é	i	e	d	c	é	h	d	a
a	h	g	d	h	n	c	i	o
g	c	e	ó	i	é	a	h	d

Aonad 1 Ceacht 4

clár dúlra    clár ceoil    clár spóirt

Féach agus Abair	Clúdaigh agus Scríobh	Cinntigh ✓
clár dúlra		
clár ceoil		
clár spóirt		

Aonad 2 Ceacht 1

Féach agus Abair	Clúdaigh agus Scríobh	Cinntigh ✓
sinn		
sibh		
siad		

Aonad 2 Ceacht 2

Inné

	amar / **e**amar	
L**éim**eamar	R**ith**eamar
Léim sibh	Rith sibh
Léim siad	Rith siad

Inné

	amar / **e**amar	
L**éim**eamar	R**ith**eamar
Léim s_____	Rith s_____
Léim s_____	Rith s_____

amar / **e**amar

Suimeanna Focal

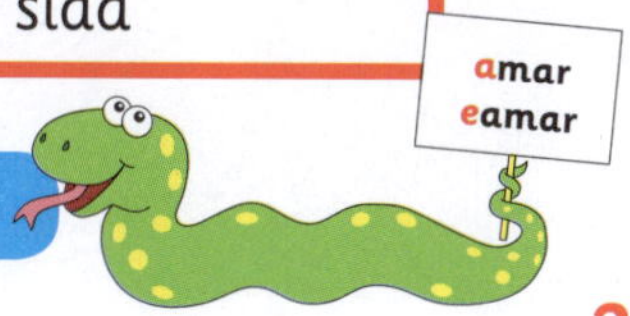

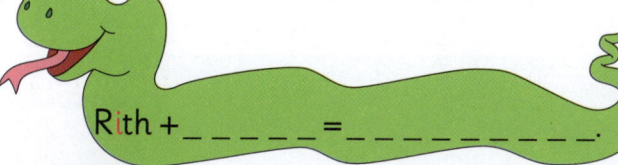

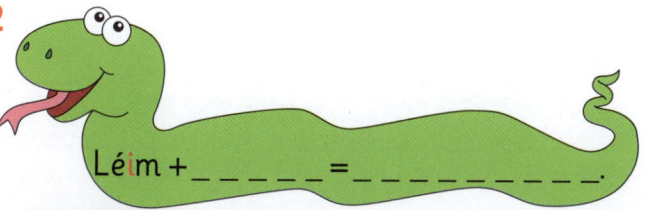

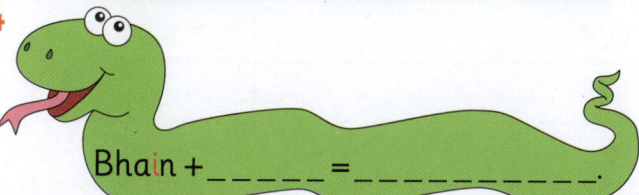

1. R**ith** + _____ = _____.

2. L**éim** + _____ = _____.

3. Chu**ir** + _____ = _____.

4. Bha**in** + _____ = _____.

An Teilifís

Aonad 2 Ceacht 3

Inné

	amar / **e**amar
Scre**a**d**a**mar	D'fhé**a**ch**a**mar
Scread sibh	D'fhéach sibh
Scread siad	D'fhéach siad

Inné

	amar / **e**amar
Scre**a**d**a**mar	D'fhé**a**ch_ _ _ _
Scread s_____	D'fhéach s_____
Scread s_____	D'fhéach s_____

Suimeanna Focal

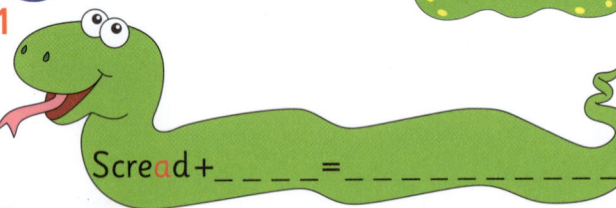

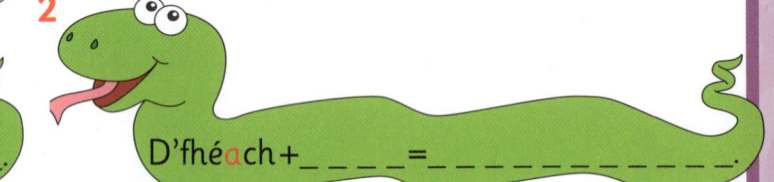

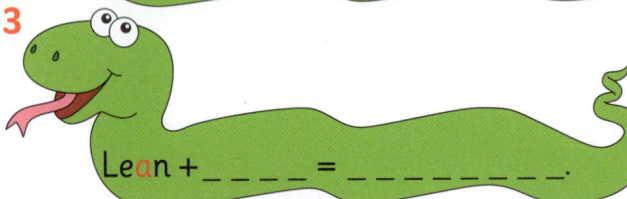

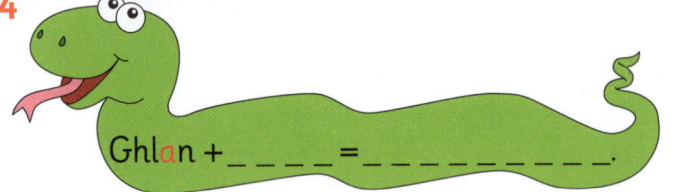

1. Scre**a**d + _ _ _ _ = _ _ _ _ _ _ _ _ _ _.

2. D'fhé**a**ch + _ _ _ _ = _ _ _ _ _ _ _ _ _ _.

3. Le**a**n + _ _ _ _ = _ _ _ _ _ _ _ _ _.

4. Ghl**a**n + _ _ _ _ = _ _ _ _ _ _ _ _ _.

Aonad 2 Ceacht 4

Thaitin an cartún **liom**.

Thaitin an clár spóirt **leat**.

Thaitin an clár dúlra **leis**.

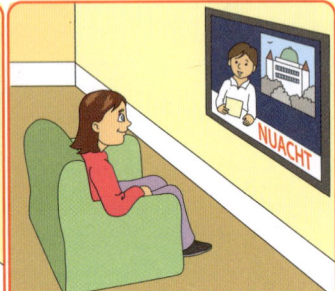

Thaitin an nuacht **léi**.

Féach agus Abair	Clúdaigh agus Scríobh	Cinntigh ✓
liom		
leat		
leis		
léi		

Siopadóireacht

Aonad 1 Ceacht 1

10 deich **20** fiche **30** tríocha **40** daichead

Féach agus Abair	Clúdaigh agus Scríobh	Cinntigh ✓
deich		
fiche		
tríocha		
daichead		

Tóirfhocal – Faigh na Focail

deich   tríocha
fiche   daichead

d	a	i	c	h	e	a	d
e	i	r	t	f	f	c	h
i	d	c	a	i	i	r	í
c	t	r	í	o	c	h	a
h	e	a	d	h	h	r	í
f	i	c	t	a	e	e	a

✏️ Bí ag Scríobh

40 _____ **30** _____ **20** _____

Aonad 1 Ceacht 2

50 caoga **60** seasca **70** seachtó

Féach agus Abair	Clúdaigh agus Scríobh	Cinntigh ✓
caoga		
seasca		
seachtó		

Tóirfhocal – Faigh na Focail

caoga   seasca   seachtó

c	a	c	t	a	e	s
s	e	a	c	h	t	ó
e	t	o	h	s	e	a
a	h	g	c	m	t	ó
s	ó	a	c	e	a	t
c	a	o	g	s	h	t
a	s	a	s	c	a	s

✏️ Bí ag Scríobh

50 _____ **60** _____ **70** _____

Siopadóireacht

Aonad 1 Ceacht 3

Tá camán ag teastáil uaim.
Tá clogad ag teastáil uait.
Tá camán ag teastáil uaidh.
Tá clogad ag teastáil uaithi.

Féach agus Abair	Clúdaigh agus Scríobh	Cinntigh ✓
Tá camán ag teastáil uaim.		
Tá clogad ag teastáil uait.		
Tá camán ag teastáil uaidh.		
Tá clogad ag teastáil uaithi.		

Aonad 1 Ceacht 4

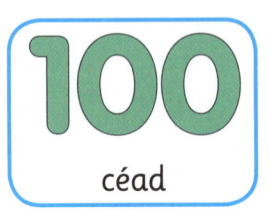

80 ochtó   **90** nócha   **100** céad

Féach agus Abair	Clúdaigh agus Scríobh	Cinntigh ✓
ochtó		
nócha		
céad		

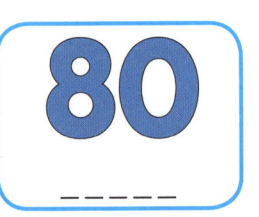

Tóirfhocal – Faigh na Focail

ochtó   nócha   céad

d	a	é	ó	n
o	c	h	t	ó
h	é	n	a	c
é	a	o	c	h
c	d	h	n	a

✏️ Bí ag Scríobh

100 _____   **90** _____   **80** _____

Siopadóireacht

Aonad 2 Ceacht 1

Inné		
?	✓	✗
Ar thóg sí?	Thóg sí	Níor thóg sí
Ar leag sí?	Leag sí	Níor leag sí
Ar phioc sí	Phioc sí	Níor phioc sí

Inné		
?	✓	✗
Ar thóg sí?	_____ _	_____ _
Ar leag sí?	_____ _	_____ _
Ar phioc sí	_____ _	_____ _

Aonad 2 Ceacht 2

Inné h	Gach Lá ann eann	Amárach faidh fidh
Thóg sí	Tógann sí	Tógfaidh sí
Phioc sí	Piocann sí	Piocfaidh sí
Léim sí	Léimeann sí	Léimfidh sí

Inné h	Gach Lá ann eann	Amárach faidh fidh
Thóg sí	_____ ____	_____ ____
Phioc sí	_____ ____	_____ ____
Léim sí	_____ ____	_____ ____

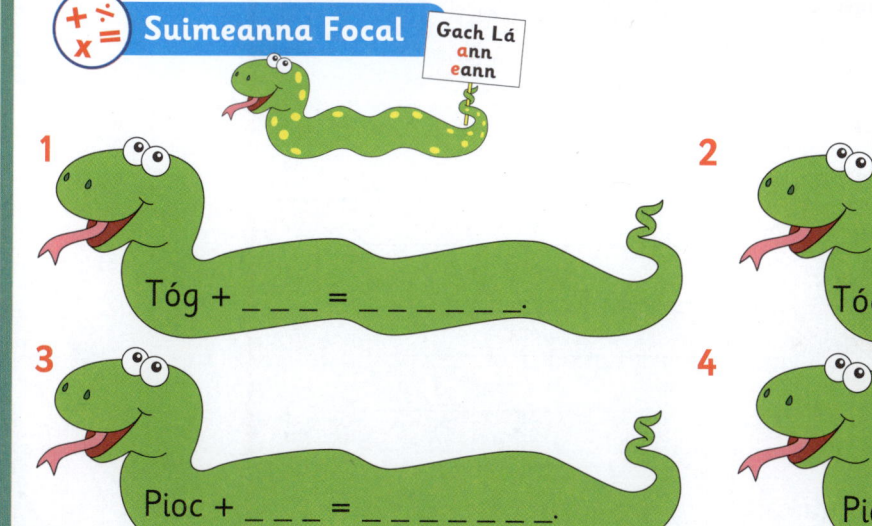

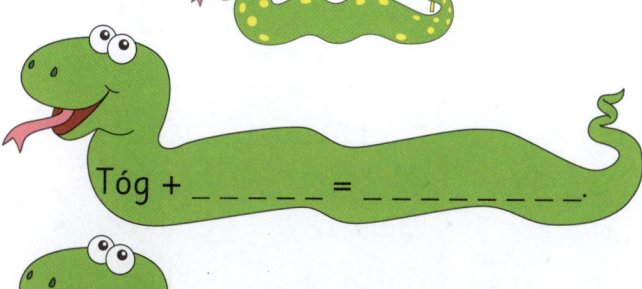

Suimeanna Focal

Gach Lá
ann
eann

Amárach
faidh
fidh

1 Tóg + ____ = _____.

2 Tóg + _____ = _____.

3 Pioc + ____ = _____.

4 Pioc + _____ = _____.

Siopadóireacht

Aonad 2 Ceacht 3

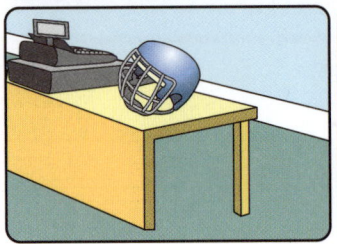

Tá an clogad ar an gcuntar.

Tá an liathróid faoin gcuntar.

Tá an camán in aice leis an gcuntar.

Tá Oisín ag an gcuntar.

Féach agus Abair	Clúdaigh agus Scríobh	Cinntigh ✓
ar an gcuntar		
faoin gcuntar		
in aice leis an gcuntar		
ag an gcuntar		

Bí ag Scríobh

1 Cá bhfuil an clogad?
   _____

2 Cá bhfuil an liathróid?
   _____

3 Cá bhfuil an camán?
   _____

4 Cá bhfuil Oisín?
   _____

Aonad 2 Ceacht 4

Inné		
sé	sinn	amar / eamar
Rith sé	Ritheamar	_____
Thóg sé	Thógamar	_____
Leag sé	Leagamar	_____
Phioc sé	Phiocamar	_____
Chuir sé	Chuireamar	_____
Ghlan sé	Ghlanamar	_____
Léim sé	Léimeamar	_____
Dhún sé	Dhúnamar	_____

Lá 'le Pádraig

Ceacht 1

se**a**mr**ó**g | fe**a**d**ó**g | b**á**b**ó**g | br**ó**g

Féach agus Abair	Clúdaigh agus Scríobh	Cinntigh ✓
seamróg		
feadóg		
bábóg		
bróg		

Tóirfhocal – Faigh na Focail

seamróg   bábóg
feadóg   bróg

a	f	d	ó	b	g	á
s	e	a	m	r	ó	g
b	a	r	g	ó	f	b
a	d	f	e	g	e	a
e	ó	b	á	b	ó	g
f	g	a	a	m	r	b

Ceacht 2

sp**i**d**e**og | f**á**inl**e**og | fu**i**nn**e**og | du**i**ll**e**og

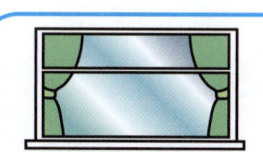

Féach agus Abair	Clúdaigh agus Scríobh	Cinntigh ✓
spideog		
fáinleog		
fuinneog		
duilleog		

Tóirfhocal – Faigh na Focail

fuinneog   spideog
fáinleog   duilleog

f	u	i	n	n	e	o	g	l
á	e	l	d	u	i	l	l	n
i	s	p	i	d	e	o	g	p
n	f	á	i	n	l	g	a	e
l	d	u	i	l	l	e	o	g
e	f	i	á	d	u	u	l	i
o	i	n	l	p	i	n	á	u
g	o	e	d	i	p	d	u	f

An Cháisc

Ceacht 1

an coinín · an gairdín · an sicín · an cailín

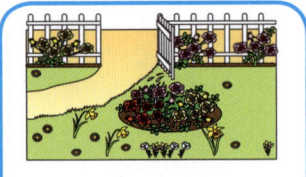

Féach agus Abair	Clúdaigh agus Scríobh	Cinntigh ✓
an coinín		
an gairdín		
an sicín		
an cailín		

Ceacht 2

an sicín · na sicíní · an coinín · na coiníní

an gairdín · na gairdíní · an cailín · na cailíní

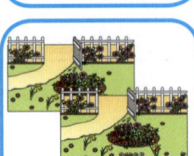

an	na
 an cailín	 _ _ _ _ _ _ _
 an gairdín	 _ _ _ _ _ _ _

an	na
an sicín	_ _ _ _ _ _ _
an coinín	_ _ _ _ _ _ _

An Cháisc

Ceacht 3

| ceann amháin |  dhá cheann |  trí cinn |  ceithre cinn |  cúig cinn |  sé cinn |

Féach agus Abair	Clúdaigh agus Scríobh	Cinntigh ✓
ceann amháin		
dhá cheann		
trí cinn		
ceithre cinn		
cúig cinn		
sé cinn		

trí  _____   dhá  _____   ceithre  _____   cúig _____

Ceacht 4

| seacht gcinn |  ocht gcinn |  naoi gcinn |  deich gcinn |

Féach agus Abair	Clúdaigh agus Scríobh	Cinntigh ✓
seacht gcinn		
ocht gcinn		
naoi gcinn		
deich gcinn		

seacht  _ _ _ _ _   ocht  _ _ _ _ _   naoi  _ _ _ _ _   deich _ _ _ _ _

An Samhradh

Ceacht 1

Meitheamh

10	20	30
an deichiú lá	an fichiú lá	an tríochadú lá

Féach agus Abair	Clúdaigh agus Scríobh	Cinntigh ✓
an deichiú lá		
an fichiú lá		
an tríochadú lá		

Meitheamh

10	20	30
_ _ _ _ _ _ _ _ _	_ _ _ _ _ _ _ _	_ _ _ _ _ _ _ _ _ _

Ceacht 2

spád portán sliogán caisleán

Tóirfhocal – Faigh na Focail

sliogán   spád
portán   caisleán

d	á	p	c	a	i	s	p
s	l	i	o	g	á	n	o
p	e	á	n	s	l	i	r
á	i	o	l	p	á	o	t
d	s	l	i	o	t	n	á
c	a	i	s	l	e	á	n

Féach agus Abair	Clúdaigh agus Scríobh	Cinntigh ✓
spád		
portán		
sliogán		
caisleán		

An Samhradh

Ceacht 3

? An	✓	✗ Ní
An bhfuair sí?	Fuair sí	Ní bhfuair sí

1. An bhfuair Oisín uachtar reoite?
   _____ Oisín uachtar reoite.

2. An bhfuair Niamh uachtar reoite?
   ____ _____ Niamh uachtar reoite.

? An	✓	✗ Ní
An bhfuair sí?	_____	___ _____ ___

Ceacht 4

trá — bád — ag snámh — ag lapadáil

Féach agus Abair	Clúdaigh agus Scríobh	Cinntigh ✓
trá		
bád		
ag snámh		
ag lapadáil		

Tóirfhocal – Faigh na Focail

trá
snámh
bád
lapadáil

á	d	b	t	r	l	a	p
s	n	á	m	h	t	b	á
á	i	d	s	n	r	h	r
l	a	p	a	d	á	i	l

Dul Siar

Bí ag Scríobh

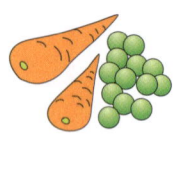

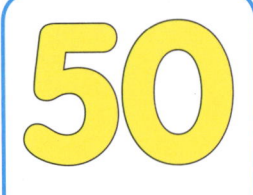